À LA DÉCOUVERTE DE LA NOUVELLE-FRANCE

Cornelsen

Les personnages

Les Français

Jacques, cuisinier

Jules, son fils

Samuel de Champlain, explorateur

Marmotte Fatiguée, trappeur

Les Iroquois

Aigle Pelé, chef des Iroquois

Colombe Blanche, sa femme

Castor Blablateur

Les Hurons

Grande Gueule, chef des Hurons

Guerrier huron

Dans un des meilleurs restaurants de Paris.
Au Coq Gaulois
Au Coq Gaulois
Il me faut encore ...
... des oignons,
... du sel
... et du poivre.
Ahhhh, qu'elle est délicieuse, cette soupe!
SLURP
Il manque juste deux ou trois jaunes d'œufs ...
J'arrive!!!
!
BLAM!
Mais qu'est-ce que tu as fait?!
Dans notre famille, on est cuisinier de père en fils depuis la nuit des temps. Mais avec ce bon à rien de fils ...
À ce qu'on dit, un de nos arrière-grands-pères a accompagné Samuel de Champlain en Nouvelle-France à l'époque ...

Nous sommes le 31 mars 1607, quelque part au fin fond du Canada, dans un petit fort au bord d'un fleuve.
ZZZZZZZZZZZ
ZZZZz
COCORICO!
Regarde, Marmotte Fatiguée! Il y a nos amis les Hurons qui arrivent là-bas!
Chrr!?
SNP

Trois peaux de castor pour une casserole en fer!
Et encore, c'est un prix d'ami, chef Grande Gueule!
Ça va pas?!
J'échange MA peau contre TOUTES vos casseroles, et encore c'est une occasion pour VOUS!
Wahou!
Qu'elle est belle!
Ça, c'est de la peau d'ours!

Pour fêter ce grand jour, je nous prépare une omelette au lard et au maïs!
Jules, où sont les œufs?
Bon sang!
Bon, ben ... ce sera du lard au maïs!
Un peu plus tard.
J'adore la cuisine française, M. de Champlain, mon frère visage pâle!
Scellons une fois encore l'union entre Français et Hurons, chef Grande Gueule.
La seule chose qui m'inquiète, ce sont vos ennemis, les Iroquois!
Allons donc! Ils sont loin, ces chiens peureux!

Pas si loin que cela.
Regarde tout ce qu'ils ont piqué, ces coyotes!
Un peu plus tard, au fin fond de la forêt canadienne.
Tu peux m'expliquer pourquoi la femme de Grande Gueule a des casseroles en fer et pas TA propre femme?
Je ne vais quand même pas partir en guerre pour une histoire de bonnes femmes!
Et si tu t'imagines que ta tambouille aura meilleur goût dans une casserole en fer!
Sans commentaire.

Mes frères Peaux-Rouges ...
Euh ... et mes sœurs!
Oh Grand Manitou! Montrons à ces Français ce que ça veut dire d'être les amis de nos ennemis!
Nous partons dès aujourd'hui! Demain, au lever du jour, nous attaquerons leur fort!
À bas les Français!
À bas ces cafards de Hurons!
Bravo, Grand Chef!
Bravo, Aigle Pelé!
Le lendemain matin, après une longue marche à pied.
Hihihi!
!?

Hihihihi!
Pourquoi est-ce que tu ris bêtement?
Je crois que je sais à quoi ressemble le Grand Manitou et ce qu'il veut!
Hihihi!
PAF!
SWIIIISH
Excusez-moi, je ne voulais pas interrompre votre repas!
!?
Peu après.
On descend la rivière jusqu'au Grand chêne ...
... et après, on s'approche à pas de loup de leur fort!

Et TON canoë, Castor Blablateur, il est où?
Il débloque complètement!
PUNK RULES
Voilà le Grand chêne!
Et maintenant, notre principale alliée, c'est la surprise!
Soyons forts comme l'ours, hypocrites comme le serpent, rapides comme le cerf et ...
Et dire que c'est moi qu'on a appelé Castor Blablateur ...
Chrrr!
SSSSSSSS
Saletés de moucherons!
SSSSSSSSSSSSSSSS
Chrrr!

Pendant ce temps, à l'intérieur du fort.
Mais il fait encore nuit!
On n'a plus d'œufs une fois de plus! Va donc voir s'il y a un animal dans le piège!
Hééééé?!
LES I-RO-QUOIS!
!?
COCORICO!?

L'ennemi est vite repoussé ...
Bon voyage!
TCHAK
!?
Vous voulez bien nous laisser tranquilles!
AAAAAA
PLOUF
Allez! On se casse!
Le soir même.
À ta santé!
À la tienne!
Tchin Tchin!
«Bon voyage» je lui ai dit et paf! Je l'ai balancé par-dessus bord!
Raconte encore une fois!
On n'a toujours pas compris.

Nous avons deux raisons de faire la fête, aujourd'hui!
TING
Nous avons mis en fuite les Iroquois!
Génial!
Bravo!
Et d'un moment à l'autre, les deux premières femmes vont arriver dans notre petit fort!
À l'avenir de la Nouvelle-France!
Désolé de vous déranger mais nous avons un visiteur!
J'apporte de mauvaises nouvelles, M. de Champlain!

Mes deux camarades et moi devions accompagner deux dames jusqu'ici. Mais une tempête de neige nous a forcés à faire un détour ...
... par le territoire des Iroquois! Huit Indiens nous sont tombés dessus. Moi, je leur ai échappé. Mais ils ont enlevé les deux dames!
Quelle horreur!
Mais c'est la catastrophe!
Ça, c'est signé Aigle Pelé. Je sais où se trouve son village. Nous devons libérer ces deux femmes!
Et comment, si je peux me permettre?
Ils sont beaucoup plus nombreux que nous!
Les Iroquois vont faire connaissance avec nos arquebuses!
Mais nous n'en avons que deux!
Je crois que j'ai une idée ...

Entretemps, dans le village des Iroquois.
Mais qu'est-ce qu'il a rapporté?
Ça doit être quelque chose de vraiment spécial!
Vous n'allez pas en croire vos yeux!
SNP
Apportez notre prise de guerre!
Aaarrrrghhh!
POC
POC
Voilà!
Pfff!

Coucou!
Salut!
Soyez les bienvenues!
Qu'est-ce qu'on va faire avec ces oies blanches?
Elles sont trop maigres!
Par contre, leur scalp vaut vraiment le coup!
Enfermez-les et tenez-les à l'œil!
Qui sait de quoi elles sont capables!
C'est moi qui prends le premier tour de garde!
Non, MOI!
C'est moi le plus fort!
Honneur aux anciens!

Le lendemain matin, pas loin du village iroquois.
Ça ne va pas être facile!
Les Iroquois sont de redoutables guerriers!
C'est sûr.
Mais ...
... j'ai apporté quel-que chose!
Peu après, dans le village iroquois.
SKRT
SKRT
UN OURS!
SKRT
SKRT

N'importe quoi!
Où est la bête?
Là-bas, près du poteau de torture que Castor Blablateur a fait!
SKRT SKRT
En même temps.
OUVREZ LE FEU!
BLAM
Sauve qui peut!
Mais qu'est-ce qui nous arrive encore?
Le Grand Manitou est en colère contre nous!
BLAM
BLAM
BLAM

N'ayez pas peur! Je suis là pour vous sauver!
Vite, les Iroquois vont bientôt comprendre!
En effet ...
BLAM
Revenez, Frères Rouges!
Ce n'est pas le Grand Manitou!
Mais les Iroquois ont compris trop tard.
À l'avenir de la Nouvelle-France!

Et alors, je lui ai dit: «Bon voyage!» – voilà ce que je lui ai dit!
Hum, hum ...
Je crois que c'est l'heure de ton tour de garde, Marmotte Fatiguée!
De toute façon, cette nuit, il n'y a personne!
Ben ça alors!
!
Salut Jules, vieil ours! Tu veux boire un coup?!
?
Un peu plus tard.
Jules???
D'où viens-tu donc!?
!?
J'en ai plein le dos ...
... de cette société bisounours!

Annexe

Un peu d'histoire

1524 **Première expédition** française vers le Nouveau Monde.

1534 **Jacques Cartier** arrive au **Golfe du Saint-Laurent**. Il prend possession de cette région au nom de la France. Cartier emmène avec lui des **coureurs de bois** qui pénètrent dans les forêts à la recherche de fourrures – surtout des peaux de castor.

1535 Sur une île au milieu du Saint-Laurent, les Français fondent la ville de **Montréal**. Elle devient le centre du commerce de la fourrure.

1608 L'explorateur français **Samuel de Champlain** fonde la ville de **Québec**.

Champlain a besoin des **Hurons** pour développer le commerce de la fourrure. Il les aide donc dans leur guerre contre les **Iroquois**. Les Iroquois, à leur tour, s'allient aux **Anglais** qui veulent pénétrer dans le territoire «français».

Les Iroquois

Les Iroquois sont des guerriers très redoutés. Mais ils sont aussi une tribu indienne où les femmes ont une position très forte: Elles possèdent les terres et choisissent le chef du clan.

La Nouvelle-France

On appelle **la Nouvelle-France** toutes **les colonies françaises de l'Amérique du Nord** qui étaient sous l'administration du roi français.

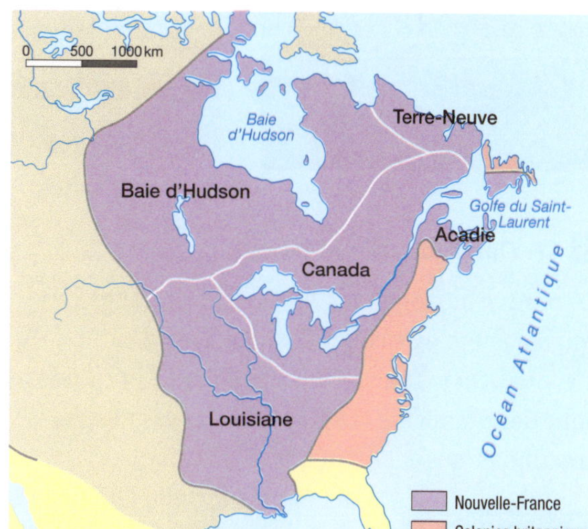

La Nouvelle-France en 1700

Vers **1700**, la Nouvelle-France comprend cinq territoires: le Canada, l'Acadie, la Baie d'Hudson, Terre-Neuve et la Louisiane. Mais les Anglais s'intéressent aussi aux terres de la Nouvelle-France. Une guerre commence que les Français, moins nombreux, perdent. En **1763**, c'est la fin de la Nouvelle-France.

3 le Saint-Laurent | der Sankt-Lorenz-Strom ▪ **4 prendre possession** | in Besitz nehmen ▪ **5 emmener** | mitbringen ▪ **le coureur de bois** | der Trapper ▪ **6 pénétrer** | vordringen ▪ **la forêt** | der Wald ▪ **7 la fourrure** | der Pelz ▪ **la peau de castor** | das Biberfell ▪ **10 fonder** | gründen ▪ **11 le commerce** | der Handel ▪ **13 l'explorateur** *m.* | der Entdecker ▪ **16 les Hurons** *m. pl.* | die Huronen ▪ **19 les Iroquois** *m. pl.* | die Irokesen ▪ **à leur tour** | ihrerseits ▪ **20 s'allier à** | sich verbünden mit ▪ **23 le guerrier** | der Krieger ▪ **redouté/e** | gefürchtet ▪ **24 la tribu (indienne)** | der (Indianer-)Stamm ▪ **26 posséder** | besitzen ▪ **27 le clan** | die Sippe ▪ **31 l'administration** *f.* | die Verwaltung ▪ **32 comprendre** | *hier:* umfassen

Le Québec aujourd'hui

1 Le Québec, c'est où?

Le Québec, qui se trouve dans l'est du pays, est la plus grande province du Canada.

Le drapeau du Québec

2 Quelques chiffres intéressants

	le Québec	la France	l'Allemagne
superficie	1 542 000 km²	552 000 km²	357 000 km²
nombre d'habitants	8 millions	65 millions	82 millions
densité de population	5 hab./km²	119 hab./km²	229 hab./km²

3 Les Québécois et leurs langues

Entourés d'anglophones, les Québécois ont gardé leur caractère particulier. Leur culture est un mélange: On y trouve l'héritage français et catholique des premiers colons, l'héritage des cultures amérindiennes et l'influence américaine.

La **langue officielle** du Québec est le **français**. 83 % des Québécois sont francophones, 8 % parlent **anglais** et 9 % parlent d'autres langues (p. ex. les langues des Inuits).

Le français québécois montre surtout l'influence de l'anglais: On se tutoie beaucoup plus facilement qu'en France, les **anglicismes** sont plus fréquents. On dit p. ex. le break (la pause), le change (la monnaie), le drink (la boisson), le job (le boulot, le travail), le lighter (le briquet), le pack-sack (le sac à dos), la date (le rendez-vous), cheap (bon marché), catcher (attraper), downloader (télécharger), cooker (faire la cuisine).

Les Inuits, c'est qui?

Les Inuits vivent dans la région arctique du Québec, un pays de forêts, de rivières, de lacs et de montagnes. Il y gèle même en été. La langue des Inuits au Québec, c'est l'inuktitut mais beaucoup d'eux parlent aussi anglais ou français.

5 le drapeau | die Fahne ▪ **8 la superficie** | die Fläche ▪ **km²** le kilomètre carré ▪ **10 la densité de population** | die Bevölkerungsdichte ▪ **hab./km²** habitants par kilomètre carré ▪ **12 entouré/e de** | umgeben von ▪ **l'anglophone** *m./f.* | der/die Englischsprachige ▪ **13 particulier/-ière** | besondere/r/s ▪ **14 le mélange** | die Mischung ▪ **l'héritage** *m.* | das Erbe ▪ **15 le colon** | der Siedler ▪ **16 amérindien/ne** | der amerikanischen Indianer ▪ **19 francophone** | französischsprachig ▪ **24 se tutoyer** | sich duzen ▪ **26 fréquent/e** | häufig ▪ **33 vivre** | leben ▪ **34 la rivière** | der Fluss ▪ **35 geler** | (ge)frieren

Le Québec en images

Le nom de la capitale du Québec est **Québec (ville)**. La ville se trouve au bord du **Saint-Laurent**, un fleuve qui est long de 1200 km.

Montréal est la plus grande ville du Québec, c'est la deuxième ville francophone du monde après Paris.

Les caribous vivent dans la toundra.

L'ours noir du Canada

Une sculpture de neige

Le carnaval d'hiver à Québec

Sport d'hiver: Un traîneau à chiens

Sport d'été: Lacrosse est un sport d'origine indienne.

Pour découvrir le Québec, allez sur ***http://www.bonjourquebec.com/fr-fr/lequebec.html***

1 la capitale | die Hauptstadt ▪ **2 au bord de** | am Ufer von ▪ **6 le caribou** | das Karibu *nordamerikanisches Rentier* ▪ **vivre** | leben ▪ **la toundra** | die Tundra ▪ **7 l'ours** *m.* | der Bär ▪ **8 la neige** | der Schnee ▪ **10 le traîneau à chiens** | der Hundeschlitten ▪ **12 d'origine indienne** | indianischer Herkunft

Vocabulaire

Les noms des Indiens
Aigle Pelé | Gerupfter Adler
Castor Blablateur | Schwafelnder Biber
Colombe Blanche | Weiße Taube
Grande Gueule | Große Schnauze
Marmotte Fatiguée | Lahme Ente *(wörtlich: Müdes Murmeltier)*

A
accompagner qn | jdn begleiten
à ce qu'on dit | wie man sich erzählt
l'allié/e | der/die Verbündete
l'ancêtre *m.* | der Vorfahre, der Ahne
s'approcher | sich nähern
l'arquebuse *f.* | die Arkebuse *eines der ersten Gewehre*
arriver à qn | jdm passieren
À l'avenir de ...! | Auf die Zukunft von ...!

B
balancer qn par-dessus bord | jdn über Bord werfen
À bas ...! | Nieder mit ...!
la bête | das Tier
le bon à rien | der Nichtsnutz
au bord de | am Ufer von

C
le cafard | die Küchenschabe
être capable de qc | zu etw. fähig sein
se casser | abhauen
la casserole (en fer) | der Kochtopf (aus Eisen)
le castor | der Biber
le cerf | der Hirsch
le chêne | die Eiche
être en colère contre qn | auf jdn wütend sein

D
Il débloque complètement. | Er dreht völlig durch.
depuis la nuit des temps | seit grauer Vorzeit
déranger qn | jdn stören
dès (aujourd'hui) | noch (heute), gleich (heute)
faire un détour | einen Umweg machen

E
échapper à qn | jdm entkommen
Enchanté! | Entzückt!, Sehr erfreut!
enlever qn | jdn entführen
l'ennemi *m.* | der Feind

F
au fin fond de ... | im tiefsten ..., tief in ...
mettre en fuite | in die Flucht schlagen

G
le goût | der Geschmack
le guerrier | der Krieger

H
Honneur aux anciens! | Ehret die Alten!
les Hurons *m. pl.* | die Huronen *Indianerstamm im Nordosten Amerikas*
hypocrite comme le serpent | falsch wie eine Schlange

I
inquiéter qn | jdn beunruhigen
l'intérieur *m.* | das Innere
interrompre qc | etw. unterbrechen
les Iroquois *m. pl.* | die Irokesen *Indianerstamm im Nordosten Amerikas*

L
le lard | der Speck
le lever du jour | der Tagesanbruch

M
avoir meilleur goût | besser schmecken

N
N'importe quoi! | So ein Blödsinn!

O
l'oie *f.* | die Gans
l'oignon *m.* | die Zwiebel
l'ours *m.* | der Bär

P
pâle | bleich, blass
à pas de loup | auf Samtpfoten, auf leisen Sohlen
la peau / les peaux | die Haut, das Fell
peureux/-euse | ängstlich, feige
le piège | die Falle
piquer qc | etw. klauen
en avoir plein le dos | die Schnauze voll haben
le poteau de torture | der Marterpfahl
la prise de guerre | die Kriegsbeute

Q
quelque part | irgendwo

R
rapporter qc | etw. mitbringen
le redoutable guerrier | der gefürchtete Krieger
repousser qn | jdn zurückdrängen
ressembler à qc/qn | etw./jdm ähneln
rire (tu ris) | lachen
la rivière | der Fluss

S
Saletés de moucherons! | Verdammtes Fliegenpack!
À ta santé! | Auf dein Wohl!
Sauve qui peut! | Rette sich wer kann!
sceller qc | etw. besiegeln
C'est signé ... | Das ist die Handschrift von ...
la société bisounours | die Schmusebärgesellschaft; ***les bisounours*** | *Glücksbären, amerikanische Plüschtierserie*
Soyez les bienvenues! | Seid willkommen!
Soyons ...! | Seien wir ...!

T
ta tambouille | dein Fraß
la tempête de neige | der Schneesturm
À la tienne! | Auf dein Wohl!
le tour de garde | die Wachrunde

V
... vaut le coup. | ... lohnt sich.
la veille | die Wache
le visage pâle | das Bleichgesicht